AF273888

MOTIVOS DE ANIVERSARIO

Antonio Ruiz García

ediciones
del Genal

ediciones
del Genal

Málaga 2024

Autor: Antonio Ruiz García
Título: *Motivos de aniversario*
Diseño y maquetación: Rocío Fernández Barrientos
Imagen Cubierta: Keenan Davidson - Unsplash
Edita: Promotora Cultural Malagueña
Coordina: Ediciones del Genal
Colabora: Librerías Proteo y Prometeo
Depósito Legal: Ma.1816-2023
ISBN: 978-84-10114-20-3

MOTIVOS DE ANIVERSARIO

Antonio Ruiz García

NOTA DEL AUTOR

Hace diez años, con motivo de la invitación del grupo 21 de poesía a una lectura que celebraban en una sala de conferencias colindante al mercado de Plaza de la Merced, presenté los poemas que aparecen en la primera sección de este libro, *6 motivos para una lectura en viernes 13*. Fue un día interesante donde compartir versos e ideas y buenos momentos con otros/as poetas y público que se acercó al recital. La idea era presentar en diferentes rondas de lectura diferentes poemas que tocaran un tema en concreto, donde analizarse y presentarse al auditorio. Lo que se presenta aquí es una foto fija de aquel momento de mi persona, diez años más joven que ahora y con diez años menos experiencia en la vida… Aunque en la vida todo es experiencia, aunque sean experiencias distintas, las cuales dependen de las cartas que se te repartan en cada momento.

Algunos meses después, en el mes de abril, estaba por realizarse en la Escuela Oficial de Idiomas de Málaga la Fiesta de Italia, y a propuesta de mi profesora, tras haber leído algunos de mis poemas en italiano, se realizó un recital a voz y guitarra de estos que aquí se presentan en la segunda sección, *Quattro poesie in italiano,* dentro de la programación del evento. El recital abarcaba más poemas que los que aquí se presentan, los cuales espero que en el futuro puedan aparecer compilados todos juntos. De los poemas de esta sección, algunos surgieron en italiano y fueron traducidos al español para estar en la primera parte, y otros fueron escritos en español y se tradujeron al italiano.

Por último, y como presentación a la última sección del libro, en el periodo comprendido entre 2011 y 2014, tuvimos activo un blog literario y de poesía llamado *El Mapa de los Vientos.* En él aparecieron poemas de los que están aquí publicados y otros que se han publicado posteriormente en otros libros y revistas literarias, como por ejemplo en el libro *Las cosas perdidas y encontradas* (2021, Ediciones del Genal), que actualmente va por su segunda edición. Lo cual me alegra enormemente dada la gran acogida y crítica que ha tenido de los lectores.

Con este libro pretendo aprovechar el haber cumplido diez años de aquella lectura, que estuvo acompañada de una pequeña autoedición de los poemas de las primeras secciones y que he querido reeditar en este libro con una nueva sección que habla de los inicios y los aniversarios, y dar visibilidad a estos poemas que quedaron perdidos y no han visto la luz como, a mi juicio, se merecían.

No quiero extenderme más. Agradecerte que estés leyendo estas páginas y desearte una buena lectura.

Antonio Ruiz García
Málaga, 9 de abril de 2023

A Antonio Ruiz Baro

ÍNDICE

6 MOTIVOS
PARA UNA LECTURA EN VIERNES 13

Un retrato

De altura media,
con esa voz entre ligera y áspera y disuelta,
hijo mayor de oficiado de banca
y que al menos… con varias madres cuenta.
Delgado, aunque palillo no sea,
va con el apetito justo que le sustenta;
de mejillas marcadas y barba negra,
con la cara blanca y morena,
con dos ojos que miran limpiamente
y una nariz perfilada, aguileña;
con la boca cambiante
pero que dice siempre palabras honestas…
Ello untado de la sombra y el resplandor
que da la luz si la luz a tocarle llega;
con la inteligencia suficiente y el dolor
que va pasando de garganta a luna llena:
—Soy lo que está presente, la recopilación
de los caminos pisados… de mis huellas,
el sendero que tengo por delante de estrellas.
Una composición hecha a mano de amor
con elementos de agua y de tierra.

Un deseo

Quisiera ver vibrar en el aire
el aroma de tus palabras,
el sonido leve de mi nombre
pronunciado por tus labios.

Quisiera tener hermosas caricias…
—esas que aferras sobre tu almohada—,
para sanar mi pequeño caparazón
de todas las cosas que me hacen daño.

Quisiera dar a esta vida mía
un sentido nuevo, lejano del tiempo
donde la obligación aprisiona los sueños…

Y soñar como se sueña sólo cuando eres niño…
Que fueran tu voz y mi voz una sola…
Cambiar el mundo… Escribir
desde cero el camino.

Una confidencia

Creo que sabes las veces
que he querido estar más cerca,
también las que te he imaginado,
entre sueño y desvelo,
en mis noches más negras.

Es posible que lo sepas.
Que tengas alguna vaga idea
de porqué mis labios buscan…
las esquinas de tu boca:
—Has conquistado mis letras.

Sé que lo sientes —sin modestia—
aunque, a veces, con molestias
puede que no comprendas
cómo empecé a verte de otro modo
—a quererte diría aun equivocándome—
casi sin darme cuenta.

Un dolor

Me hace daño tu cuerpo,
que tu piel esté en contacto
con otra piel.
Tuya es la carne
que no podré nunca poseer.

Me hace daño tu reflejo,
el agua y el río que te mojan,
la corriente que lima las piedras
y los peces que juegan
con los dedos de tus pies.

Me hacen daño el calor,
el fuego y la casa
que calientan y acogen
tu corazón, y los celos
en los que me refugié...
una vez... hace tanto tiempo.
Y ya casi no lo recuerdo...

Me hacen daño los brazos,
las manos, la lengua,
los ojos, las uñas, los dientes,

el bigote, la barba, las sienes.
Me duelen una y otra vez...

Me hace daño lágrima por lágrima,
aluvión del dolor de mi querer.
Y no puedo hacer otra cosa que escribírtelo
porque, aunque me mires...
mi pena es
que tú no lo puedas ver.

Un amor

Quiero oírte cantar
como canta el río en la rivera,
como abraza el agua,
un segundo, cada piedra
que hay en su recorrido.

Canta para mí,
como canta la tierra
entre mis dedos
cuando araño la arena,
y bajo las uñas queda:
fango y hierba solo,
con su sutil melodía.

Quiero oírte cantar,
como canta el aire
entre el vello de mi cuerpo,
cuando delante de ti
me desnudo y entorno
juegan la luz y la oscuridad
con el miedo...

Canta para mí, canta
con mi tiempo
sobre este escenario
en que se ha convertido mi vida...
desde que has escrito
con tus palabras, sobre mi pecho,
el inicio de esta canción
llena de melancolía.

UNA REFLEXIÓN

Pronto uno descubre
—desde el yo inicial de la pluma—
que entre los dedos
se desprende la memoria:
haces de leña quemados
con el tizne de la zozobra
y las trazas últimas del olvido.
Pronto uno descubre
que la poesía, es su yo final
al filo blanco de la nada
que se embebe su tinta
profunda de azogues;
henchida de nostalgias,
corrupta de lo que se ama.
Y tarde exclama, —dentro
de lo tarde que lo descubre—,
que la llama de ese verso
nunca debió ser encendida,
que la cándida luz exangüe
desflorece las mañanas;
que la oscuridad no todo
ni gran parte lo esconde;

que siempre hay algo que decir
aunque te muerdas los labios,
y te sepa la vida
a palabras, a sangre.

QUATTRO POESIE IN ITALIANO

Un desiderio

Vorrei veder vibrare nell'aria
il profumo delle tue parole,
il suono lieve del mio nome
pronunciato dalle tue labbra.

Vorrei avere delle belle carezze...
—quelle che stringi sul tuo cuscino—,
per far guarire il mio piccolo guscio
da tutte quante le cose cattive.

Vorrei dare a questa vita mia
un senso nuovo, lontano dai tempi
dove l'obbligo rinchiude i sogni...

Sognare come si sogna solo da bambino...
Che fossero la tua e la mia voce una sola...
Cambiare il mondo... Scrivere
da zero il cammino.

Un dolore

Mi fa male il tuo corpo,
che la tua pelle stia in contatto
con un'altra pelle.
Tua è la carne
che non potrò mai
possedere.

Mi fa male il tuo riflesso,
l'acqua ed il fiume che ti bagna,
la corrente che lima i sassi
e i pesci che giocano
con le dita dei tuoi piedi.

Mi fanno male il caldo,
il fuoco e la casa
che riscaldano e accolgono
il tuo cuore, e la gelosia
nella quale mi rifugiai...
una volta... tanto tempo fa.
E quasi non me lo ricordo...

Mi fanno male le braccia,
le mani, la lingua,

gli occhi, le unghie, i denti,
i baffi, la barba, le tempe.
Mi fanno male, ancora e ancora...

Mi fa male lacrima per lacrima,
alluvione del dolore del mio volere.
E non posso far altro che scrivertelo
perché anche se mi guardi...
la mia pena è
che tu non lo possa vedere.

UN AMORE

Voglio sentirti cantare
come canta il fiume tra le rive,
come abbraccia l'acqua,
un secondo, ogni pietra
che c'è nel suo percorso.

Canta per me,
come canta la terra
tra le mie dita
quando scavo nella sabbia,
e sotto le unghie restano:
fango ed erba solo,
con la loro sottile melodia.

Voglio sentirti cantare,
come canta l'aria
tra i peli del mio corpo,
quando davanti a te
mi spoglio e intorno
giocano luce e buio
con la paura...

Canta per me, canta
con il mio tempo
su questo palcoscenico
che è diventato la vita mia...
da quando hai scritto
con le tue parole, sul mio petto,
l'inizio di questa canzone
piena di malinconia.

UNA RIFLESSIONE

Presto si scopre
—dall'io iniziale della penna—
che tra le dita
si stacca la memoria:
fascine di legno bruciato
con la fuliggine dell'ansia
e le tracce ultime dell'oblio.
Presto si scopre
che la poesia e il suo io finale
sotto il bordo bianco del nulla
che assorbe il suo inchiostro
profondo d'amarezze;
gonfio di nostalgie
corrotto da quello che si ama.
E tardi esclama
—nel momento in cui lo scopre—
che la fiamma di questo verso
non si è dovuta mai accendere,
che la candida luce esangue
sfiora le mattine
che l'oscurità non tutto
né gran parte nasconde;

che c'è sempre qualcosa da dire
anche se ti mordi le labbra
e la vita ha il sapore
delle parole, del sangue.

Motivos de aniversario

Introducción
A un proyecto conjunto

I

Auguro sin titubeos que habrá de todo:
ripios exquisitamente vomitados,
imágenes en las que vivir por siempre,
sueños que todos hemos soñado.

Poemas que pasarán sin pena ni gloria
y otros por los que seremos idolatrados,
amados por las masas embravecidas,
no sin ser en alguna coma abominados.

Alguno dirá «qué verso tan certero»,
otros en cambio, «no necesita fumar este
                              [nada…
si pretende que yo me crea algo de esto».

Quedaremos expuestos, nuestra boca
arderá, como quema en el corazón la punta
incandescente de la flecha en el pecho.

Estaremos bajo la atenta mirada del crítico,
del escrutinio de no fallarnos a nosotros mismos
y de hacer disfrutar, además, a quien nos lea.

II

—Pues no pretende uno nada, caray,
gustar y odiar al tiempo, despertar al vivo y
                    [hacer soñar al muerto.
En definitiva: dar esperanza con cuatro
                            [letras…
y quitárosla, sin contemplaciones, en el
                        [mismo cuarteto.

HAY VECES DE ANIVERSARIO

Hay veces que copio, veces
que plagio, veces que invento.
Hay veces que lloro, veces
que rio, veces que me arrepiento.

Hay veces que oigo, veces
que escribo, veces que pienso.
Hay veces que estoy, veces
que vivo, veces que nada tengo.

Hay veces que olvido, veces
que aprendo, veces que consiento.
Hay veces que crezco, veces
que me hundo, veces que me supero.

Hay veces que entiendo, veces
que cumplo, veces que escarmiento;
veces que espero, veces
que (yo) os saludo y no vuelvo luego.

Hay veces que desespero, veces
que me flagelo, veces que muero.
Hay veces que soy un trofeo, veces
que estoy solo, veces que duermo.

Hay veces que me nublo, veces
que estornudo, ¡veces de vértigo!
Hay veces que ocurre eso, el resto
lo único que deseo es salir corriendo...

y refugiarme en El Mapa de los Vientos.

Este libro se terminó de imprimir en enero de 2024

Publicado por Ediciones del Genal.

Al cuidado de esta edición

Librerías Proteo y Prometeo

MMXXIV